27

In 16891.

NOTICE BIOGRAPHIQUE

SUR

M. LÉONARD RACLE.

Les notes étant d'une certaine étendue, on a rejeté à
la suite du texte , la plupart d'entre elles, et principale-
ment celles qui ont avec le sujet , un rapport moins
direct.

NOTICE BIOGRAPHIQUE

SUR

M. LÉONARD RACLE, DE DIJON,

PAR C. N. AMANTON.

NOUVELLE ÉDITION,

Avec quelques corrections, des additions et des notes.

DIJON,

DE L'IMPRIMERIE DE FRANTIN.

1810.

NOTICE BIOGRAPHIQUE
SUR M. LÉONARD RACLE.

Un homme à qui M. de Voltaire accordait du génie, et dans les ouvrages duquel il voyait des chef-d'œuvres, n'était point un homme ordinaire. C'est cette réflexion qui nous a naturellement déterminé à consacrer, depuis que M. Racle n'est plus, quelques pages à sa mémoire.

M. Léonard Racle, architecte-ingénieur, associé correspondant de la société d'émulation de Bourg-en-Bresse, né à Dijon * le 30 novembre 1736, mourut à Pont-de-Vaux, membre de l'administration du Département de l'Ain, le 8 janvier 1791 (1).

M. Racle manifesta dès l'enfance, un goût décidé pour le dessein, et, dans un âge plus avancé, un penchant irrésistible pour les arts dont il est la clef. Ce goût le

* Son père était d'Auxonne, et sa mère de Dijon.

fit remarquer par M. Moutin de Saint-André, ingénieur du Roi, et le fit accueillir dans le cabinet de celui-ci où, avide de talens, il travaillait avec une ardeur infatigable (2).

Né de parens peu favorisés des dons de la fortune, M. Racle ne dut son avancement qu'à la force de son génie; il acquit presque sans maîtres, des connaissances assez étendues dans les sciences physico-mathématiques.

Doué de beaucoup d'esprit et d'une pénétration rare, ces connaissances le conduisirent à des résultats tels, qu'il fut capable, non-seulement de s'élever à la hauteur des spéculations les plus abstraites, mais encore de concevoir et d'exécuter des travaux d'art de la plus grande importance.

C'est ainsi que *la colonie de Ferney* (3), *le port de Versoix*, *le canal de navigation de Pont-de-Vaux* pour la jonction de *la Reissouze* à *la Saône* : établissemens qui attestent la bienfaisance de M. de Voltaire (4), les grandes vues administratives du Duc de Choiseul (5) et le patriotisme éclairé de M. Bertin (6), leurs fondateurs, attachent une sorte de célébrité au nom de M. Racle qui fut, pour ainsi dire, l'ame, l'œil et le bras dont ils empruntèrent le secours.

Couronné en 1786, par l'académie de Toulouse, comme auteur d'un savant *mémoire sur la construction d'un pont DE FER ou DE BOIS, d'une seule arche de 450 pieds d'ouverture* * ; ce laurier valut à M. Racle, de la part de la célèbre Catherine de Russie, qui connoissait déjà ses

* *Mercure de France*, du 23 septembre 1786, n.º 38. — *Journal de Paris*, feuilles des 2 octobre 1786, n.º 275, et 29 août 1787, n.º 221. — *Journal encyclopédique*, du 1.er novembre 1786. — Le *Journal historique et politique de Genéve*, n.º 47, du 20 novembre 1784, avait déjà publié avec éloges le développement d'un projet du Pont de Fer, que M. Racle, comme on le dira dans un moment, a fait exécuter depuis, pour le *canal de navigation de Pont-de-Vaux*. « Le caractère de cette théorie, « disait le journaliste, l'immense utilité qu'il y aurait « à la mettre en pratique, et le désir de faire con- « naître un artiste capable de pareilles conceptions, « nous engagent à les développer ici. . . . . . »

talens, la proposition d'un sort brillant dans les États de cette Souveraine ; mais il préféra une fortune médiocre dans sa patrie qu'il chérissait.

L'entreprise du canal de Pont-de-Vaux, fournit bientôt à M. Racle, l'occasion éclatante d'appliquer la théorie développée dans ses *Mémoires*. Un pont en charpente métallique, d'une seule arche, dont les pièces avoient été coulées à la *fonderie du Creuzot* (7), fut exécuté ; mais ce pont est tombé depuis sous les coups d'un déplorable vandalisme ; les pièces en ont été vendües . . . . . par . . . . . . le successeur de M. Bertin * . . . . ! !

Il existe parmi les manuscrits de M. Racle, un *projet*, avec *plans* et *devis*, dont l'exécution pourrait devenir très-

* « . . . . . Le nouveau propriétaire de la terre de
« Pont-de-Vaux, a vendu le Pont de Fer que M.
« Racle avait fait fondre au Creuzot, et qu'il avait
« fait monter dans la cour de la maison qu'il occu-
« pait ; il a été détruit et enlevé pendant la nuit,
« de sorte que les Autorités constituées n'ont pu

intéressante pour le Gouvernement ; celui de *mettre pendant la paix , les vaisseaux de ligne à l'abri de l'intempérie des saisons* : projet d'autant plus facile à réaliser, qu'il ne présente , avec la certitude d'atteindre le but, qu'une dépense médiocre à faire pour chaque vaisseau , et qu'il offre en dernier résultat, une économie considérable sur l'article des radoubs.

Ce projet, communiqué dans le temps, à M. de Lalande , reçut l'approbation la plus complette de la part de plusieurs ingénieurs constructeurs, sous les yeux desquels ce savant qui connoissait personnellement M. Racle et qui l'estimait, l'avait mis lui-même.

On pourrait parler de beaucoup d'autres ouvrages inédits , qui appartiennent à M.

« s'opposer à cette destruction. Mes concitoyens et « moi , nous avons gémi de ce coup de main meurtrier, et nous regrettons un ouvrage traité dans la « plus grande perfection..... » Voilà ce que nous écrivait, entre autres choses, le 18 août 1808 , une des personnes les plus considérables par son mérite et par son rang , de la ville de Pont-de-Vaux.

Racle. Citons ceux qui se font distinguer, tels qu'un *Mémoire sur la terre cuite* dont on sait que l'auteur porta l'art très loin * ; des *projets tendans à régulariser le cours du Rhône* ; le *projet d'un pont en fer, sur*

* « ..... La faïencerie que M. Racle avait établie
« à Pont-de-Vaux (a), n'existe plus. Après sa mort,
« elle n'a fait que déchoir. Enfin elle est totalement
« tombée depuis cinq à six ans. Les *beaux ouvrages*
« commencés, notamment le *poêle pour Versailles,*
« ont été détruits, et il ne nous reste aucune pièce
« de ces *chef-d'œuvres.* Pendant la révolution,
« toutes les pièces qui portaient quelques empreintes
« de la royauté ou de la féodalité, ont été cassées ;
« et le reste a été livré à des enfans. A cette époque
« les connaisseurs étaient en détention ; ils n'ont pu
« veiller à la conservation de ces articles du plus
« grand intérêt.

« En perdant M. Racle, nous avons manifesté les
« plus grands regrets, et ils se sont renouvelés lors-
« que nous avons vu anéantir des *ouvrages marqués*
« *au coin de la perfection,* et qui pouvaient servir
« de modèle à ceux destinés à fournir la même car-
« rière. . . . . »

(*Lettre de Pont-de-Vaux, du 18 août 1808,*
dont on a déjà rapporté un fragment.)

(a) Il en avait précédemment une dans le voisinage de Versoix.

la Saône ou le Rhône à Lyon, de trois arches : celle du milieu, de 147 pieds d'ouverture, et les deux autres de 88 pieds chacune ; des *Mémoires sur les propriétés de la Cycloïde* : Mémoires qui ont été l'objet des éloges de l'illustre et infortuné Bailly, et du savant professeur d'artillerie Lombard.

Il est fâcheux qu'une mort causée par un travail de cabinet porté à l'excès, en enlevant prématurément M. Racle à sa famille et à ses amis qui le chérissaient à juste titre, ait privé le public de ses ouvrages, que, sans doute, il avait l'intention de publier un jour. Il est même à craindre que, dispersés, ou possédés par des mains peu soigneuses, les fruits de tant de veilles ne soient à jamais perdus.

Dire que M. Racle jouissait de l'estime, et de l'amitié intime de M. de Voltaire ; qu'il vivait habituellement dans la société de cet Écrivain célèbre, sans cesse variée et embellie par l'affluence de Français et d'étrangers illustres, que sa réputation attirait à Ferney, et que celui-ci prenait le plus vif intérêt aux succès et à la fortune de M. Racle * ; c'est donner des talens, de l'esprit et de l'amabilité de cet artiste, une idée qui justifierait, abstraction faite de toutes preuves, le bien que nous en disons, et sur lequel nous pourrions insister davantage, si nous n'étions en garde contre les sentimens qui nous ont mis la plume à la main.

Disons cependant encore, comment s'exprimait à l'égard de M. Racle, une lettre écrite de Ferney le 6 février 1780, que nous avons ouï attribuer au marquis de Villette, et dont on lit un extrait anonyme dans les *Mémoires secrets pour servir à l'histoire de la république des lettres en France,* tom. xv, pag. 46 ** : « . . . . . . On n'a pas « fait un récit exact de *la chambre du* « *cœur :* c'est ainsi qu'on appelle celle de

* * * * *

* *Voy.* dans la *correspondance générale de M. de Voltaire ,* ses lettres à madame de Saint-Julien et au marquis de Florian, depuis 1772, jusqu'en 1778 dernière année de sa vie. Il n'en est pas une où il ne parle de M. Racle sur le ton du plus grand intérêt, de la plus franche amitié.

** Page 51 de l'édition de 1784.

« ce château *, où a été élevé le monu-
« ment dont on a parlé **. On aurait
« d'abord dû rendre hommage au talent de
« l'artiste qui l'a exécuté, qu'on n'a pas
« même nommé. C'est *M. Racle* qui a,
« pour ainsi dire, créé le marbre dont il a
« revêtu cet ingénieux et savant ouvrage.
« Il est le résultat de ses longs et dispen-
« dieux travaux. C'est lui qui a bâti Fer-
« ney (8) et le port de Versoix. Voltaire
« connaissait bien les talens d'un si habile
« homme; il avait baptisé : *Argile marbre*,
« la composition dont se sert M. Racle (9).
« Il en revêt actuellement une campagne***
« auprès de Ferney, qui sera digne de la
« curiosité des étrangers par son éclat, sa
« solidité et le peu de frais qu'entraîne ce
« nouveau genre de luxe. . . . . . »

On n'a imprimé de M. Racle qu'un petit
ouvrage ayant pour titre : *Réflexions sur*

---

* Le château de Ferney.

** Ce monument renfermait ou avait été destiné
à renfermer le cœur de M. de Voltaire.

*** Nous croyons nous rappeler qu'il ne s'agissait
que de l'intérieur des pièces principales de la maison.

le cours de la rivière de l'Ain et les moyens de le fixer, lues à la seconde session du Département de l'Ain en novembre 1790 *.

Cet opuscule de 41 pages, plein d'idées lumineuses sur l'art hydraulique, développe une théorie applicable à toutes les rivières qui, par la rapidité de leur cours et les sinuosités multipliées de leurs rives, ont de l'analogie avec celle de *l'Ain* que l'auteur avait particulièrement en vue, et comme homme de l'art, et comme administrateur.

Il est remarquable, finissons par cette réflexion, que M. Racle n'avait point fait les études par où devrait toujours commencer l'éducation des jeunes gens qui sont destinés à l'application des hautes sciences, à l'exercice des arts libéraux, c'est-à-dire : que la langue latine lui était étrangère.

Il ne faudrait pas toutefois, conclure de la sorte d'exception qu'a offert le mérite de M. Racle, et de quelques autres exceptions

* *In-8.°* Bourg, 1790.

semblables assez rares , que les études de collèges ne sont pas absolument nécessaires. Il serait plus raisonnable, ce nous semble, de penser que tel qui, sans avoir étudié la grammaire, les belles-lettres, a parcouru honorablement la carrière des sciences ou des arts, et su, par son esprit et sa politesse, plaire aux gens du monde, eût fait mieux encore s'il eût marqué ses premiers pas dans les vestibules du temple des Muses.

Nous offrons particulièrement cette notice à Messieurs de la société d'émulation et d'agriculture du département de l'Ain, comme un hommage naturellement dû à une compagnie qui fit à M. Racle l'honneur de l'admettre dans son sein (10); nous l'offrons en même temps à MM. de l'académie des sciences , arts et belles-lettres de Dijon, comme un hommage non moins naturellement dû à ses savans compatriotes, desquels il eut l'avantage de ne point se montrer indigne.

Puissent ces deux compagnies , auxquelles nous tenons à honneur d'appartenir,

mettre le sceau à l'éloge de M. Racle,
en jetant un coup d'œil d'indulgence
sur le faible essai que nous en avons
tenté ?

FIN.

NOTES.

(1) Nous avons puisé aux sources les dates de la
naissance et de la mort de M. Racle. Celles données
dans *Les siècles littéraires de la France*, dans le
Nouveau dictionnaire historique de Lyon, en 13
volumes, et dans d'autres *Biographies*, sont inexac-
tes ; elles pourront être rectifiées par les nouvelles
Biographies générales qui se préparent actuellement
à Paris (*a*).

(2) C'est sur les plans de M. Moutin de Saint-
André qu'ont été élevées les belles casernes, de la

(*a*) Dom *Grappin*, actuellement chanoine de l'église
métropolitaine de Besançon, et secrétaire perpétuel de
l'Académie des sciences, belles-lettres et arts de cette ville,
fait mention, dans son *Histoire abrégée du comté de Bourgogne*, pag. 302, d'un *Sébastien Racle*, Jésuite, comme
tenant un rang parmi les orateurs Franc-Comtois qui se
sont distingués dans les missions étrangères. Ce Jésuite
était-il de la même famille que M. Racle ? C'est ce que nous
ignorons. Quoi qu'il en soit, le père *Racle* possédait, dit
D. Grappin, toutes les langues des Sauvages de l'Amérique.

construction et de l'ameublement desquelles la ville d'Auxonne a fait la dépense pour sa garnison d'artillerie, et dont la première pierre a été posée le 29 octobre 1759.

On ne sera peut-être pas fâché de voir ici consignée, l'inscription gravée sur une planche de cuivre qui repose dans les fondemens de cet édifice, et dont il a été tiré des épreuves et des contre-épreuves qu'on rencontre dans quelques cabinets ; la voici :

« SOUS LE RÈGNE DE LOUIS QUINZE
« LE BIEN-AIMÉ.

« S. A. S. Monseigneur Louis-Joseph de
« Bourbon, prince de Condé, pair et grand
« maître de France, gouverneur et lieute-
« nant-général pour le Roy en sa province de
« Bourgogne et pays de Bresse, Bugey, Val-
« romey et Gex.

« *Représenté par Henry-Charles de Saulx, comte*
« *de Tavanes, chevalier des ordres du Roy, lieu-*
« *tenant-général en Bourgogne, et dans les pays*
« *de Bresse, Bugey, Valromey et Gex, a posé la*

Il était dans la 67.e année de son âge, lorsqu'en 1724, huit cents Anglais et trois cents Sauvages attaquèrent le village de *Naurantsouac* sa paroisse. Le père *Racle* se mit à la tête de cinquante braves pour faire face à l'ennemi, et tomba, percé de coups, au pied d'une croix, avec *sept* de ses guerriers.

Nous avons pensé que cette anecdote sur un habile et brave homme du nom de *Racle*, ne serait point déplacée ici. C'est une indication aux *Biographes*.

« *première pierre de cet édifice l'an de grâce 1759,*
« *au mois de 8.bre le 29.*

« J. B. Moutin de Saint-André, ingénieur du Roy
« et architecte.

« *Gravé par Durand à Dijon.* »

Il est remarquable, que rien dans cette inscription, n'a été oublié, si ce n'est la mention des magis-
trats de la ville qui faisait la dépense de l'édifice.
Réparons, s'il est possible, cet ingrat oubli, en les
nommant: *Claude-Joseph Delaramisse, vicomte-
mayeur, lieutenant-général de police, ancien élu du
tiers-état de la province de Bourgogne; Guillaume
Mourez, François Bernard, Antoine Ponte-
ney puîné, Claude Corbet, échevins ; Jerôme
Louhet, procureur-syndic.*

(3) *La colonie de Ferney* : c'est ainsi que M. de
Voltaire appelait sa terre, du titre de *patron* de
laquelle il était plus flatté, nous a souvent dit M.
Racle, que de celui de *Seigneur.*

(4) Un témoignage récent de la bienfaisance de
M. de Voltaire, existe dans une lettre du *général* ***,
au *général César de Faucher, sur l'agriculture de la Suisse,* extraite des *journaux étrangers,*
et insérée au *journal d'économie rurale et domes-
tique,* etc. n.° 75 — juin 1809. Voici comment s'ex-
prime l'observateur : « . . . . . J'ai revu *Ferney*. . . .
« j'ai visité un grand nombre d'habitans de ces con-
« trées ; tout marque la bonté de *M. de Voltaire*

(15)

« pour ses vassaux, pour ses gens.... Les vieux ne
« parlent qu'avec larmes de leur illustre bienfaiteur ;
« les jeunes répètent avec attendrissement, les anec-
« dotes de bonté que leurs pères leur en ont ap-
« prises.... »

(5) Il s'agissait dans les intentions de M. le duc
de Choiseul, alors ministre, de créer à Versoix, une
ville qui pût être, a-t-on dit, *la rivale de Genève....*

(6) M. Bertin, ministre et secrétaire d'état, com-
mandeur des ordres du Roi, honoraire de l'académie
royale des sciences et de celle des belles-lettres,
était seigneur de Pont-de-Vaux, qui avait le titre
de duché.

(7) Nous possédons deux desseins de M. Racle,
relatifs au *Pont de fer de Pont-de-Vaux* ; l'un est
sa coupe sur le travers, et l'autre la *perspective des
pièces* qui en composaient l'arche. Nous avons aussi
en porte-feuille, les *conventions pour la fonte de
ces pièces*, souscrites *au Creuzot* le 25 avril 1789.

(8) « Quoi qu'en disent plusieurs auteurs (entre
« autres celui des *Avis aux voyageurs en Suisse*)
« Ferney est un magnifique village, et n'est pas à
« beaucoup près celui des ouvrages de Voltaire qui
« lui fasse le moins d'honneur. Il serait à souhaiter
« que nos petites villes ressemblassent à Ferney :
« chaque maison d'une construction élégante et

« commode, est environnée d'arbres ; la rue est longue
« et bien bâtie : il m'a paru que presque toutes les
« maisons avaient un jardin : le château est à droite
« et le feuillage des arbres qui l'entourent , le dérobe
« à la vue..... Il est faux de dire que les maisons
« tombent en ruine. J'aurais voulu voir l'église où
« il y avait : Deo erexit Voltaire. (a) »

(9) « ..... Si vous voulez , madame, écrivait
« le vieillard de Ferney à madame de Saint-Julien ,
« le 5 septembre 1776, je vous conterai.... que....
« j'ai reçu une lettre de M. le duc de......... qui
« me doit 100,000 francs , et qui me mande qu'il ne
« peut me payer un sou qu'au commencement de
« l'année 1778..... Ce qu'il y a de bon , c'est que
« surement je serai mort de vieillesse et de misère....
« avant l'an de grâce 1778. *M. Racle se tire d'af-*
« *faire par son génie* , indépendamment des Rois
« et des Princes ; *il fait des chef-d'œuvres en*
« *grands ouvrages de faïence* , et il les vend à des
« gens qui payent..... »

Nous tenons de l'amitié de M. Racle , entre autres
choses , un buste de M. de Voltaire , dans le style
antique, en terre cuite bronzée , d'une exécution par-
faite , et d'une ressemblance frappante. Ce buste
repose sur une pyramide tronquée , *d'argile marbre* ,

(a) *Voyage en Suisse avec l'armée de réserve,* chap. 7,
pag. 48 et 49.
Il paraît que l'auteur voyait mieux *Ferney* qu'il n'avait vu
Dijon.......

sur les quatre faces du socle de laquelle sont élevés
des trophées et des ornemens dorés très ingénieux.

(10) La *société d'émulation de Bourg-en-Bresse*,
établie au mois de février 1783 , et qui comptait dans
son sein les *Lalande*, les *Maret*, les *Guiton de
Morveau*, les *Riboud* et d'autres personnages distingués , reçut M. Racle , associé non résidant , le 9
janvier 1785.

En septembre 1790, cette société avait déjà ajouté
à sa dénomination primitive , celle de *société d'agriculture*......; en l'an IX (1801), époque où
NAPOLÉON commençait à reconstruire notre pays sur
tant de ruines, elle s'est reconstituée sous le titre de
société d'émulation et d'agriculture du département
de l'Ain : titre qu'elle justifie par des travaux qui
offrent l'heureux assemblage de l'agréable et de
l'utile.

de notes.